Marion Billet

autocollants Câlins

dès 18 mois

Editions Lito

Le repas terminé, Papa Rhinocéros appelle ses bébés.
- C'est le moment de tous se cajoler !

Maman Singe rit de bon cœur.
Elle adore les câlins de ses petits farceurs.

Maman Éléphant dit à ses bébés :
- Venez mes éléphanteaux ! On va se dorloter.

Les girafeaux sont toujours partants
pour un câlin avec Papa qui est bien content.

Maman Zèbre cherche ses zébreaux partout.
Les voilà ! Ils arrivent pour un câlin tout doux.

Le soir va tomber. Papa Buffle revient à la maison.
- Venez vous serrer contre papa, mes bufflons.

Papa Crocodile s’éloigne de la mare pour cajoler ses bébés et raconter de tendres histoires.

Par une très belle journée d'été,
Papa Lion et ses lionceaux décident de se câliner.

Papa Antilope est le plus heureux des papas.
Tous ses petits se sont blottis dans ses bras.

Maman Hippopotame ouvre grand les bras.
– Mes hippos chéris, pour les câlins, maman est là !

L'univers tout doux de Marion Billet pour les tout-petits

autocollants Câlins

Les animaux de la savane

Le tout-petit aime les autocollants !

Voici pour lui des autocollants de bébés animaux à venir coller sur les papas et les mamans.

prix France TTC **5 €**

ISBN 978-2-244-20642-4
9 782244 206424

Lito - 41, rue de Verdun 94500 Champigny-sur-Marne.
Imprimé en UE. Loi n°49-956 du 16 juillet 1949
sur les publications destinées à la jeunesse.
Dépôt légal : août 2017